DAIANI TEODORO DE MELO RIBEIRO

DANIEL TEODORO DE MELO

ROGÉRIO ADRIANO DE SOUSA

APOSTILA DE EDITOR DE TEXTOS

2022

Dados Internacionais de Catalogação na Publicação (CIP)

R484t Ribeiro, Daiani Teodoro de Melo

APOSTILA DE EDITOR DE TEXTOS/ Daiani Teodoro de Melo Ribeiro, Daniel Teodoro de Melo, Rogério Adriano de Sousa. – São José do Rio Pardo: Clube de Autores, 2022.

46f.

ISBN: 978-65-5392-739-1

1. editoração. 2. Editor de textos. I. Título.

CDU 721

Lista de Figuras

Sumário

Aula 01 – Partes do computador

Podemos comparar as partes do computador com o corpo humano. Imagine o seguinte: o corpo humano é dividido em cabeça, tronco, membros inferiores e membros superiores. O computador pode ser dividido em CPU (Unidade Central de Processamento), gabinete, periféricos de entrada e periféricos de saída.

Figura 1: Partes do computador

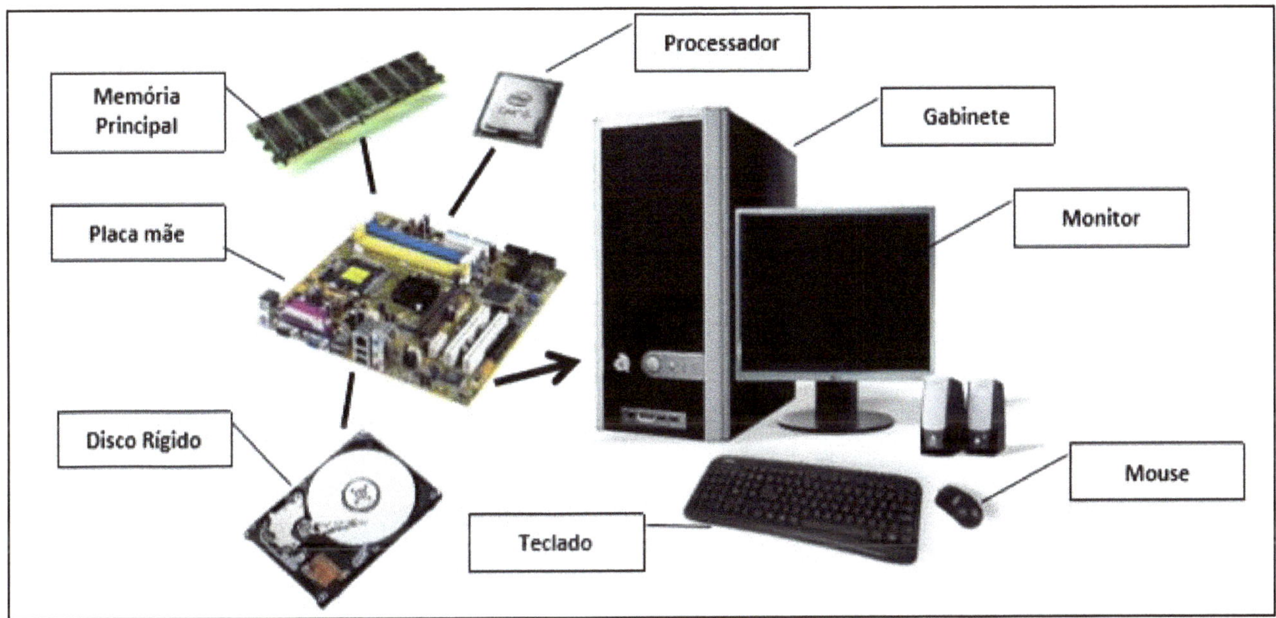

Fonte: https://informaticando173772625.wordpress.com/2019/01/14/12-perifericos-de-entrada-e-saida-parte-1/

Os periféricos de entrada são aqueles que usamos para passar alguma informação para o computador. Ex.: teclado, mouse, scanner, microfone.

Figura 2: Periféricos de Entrada

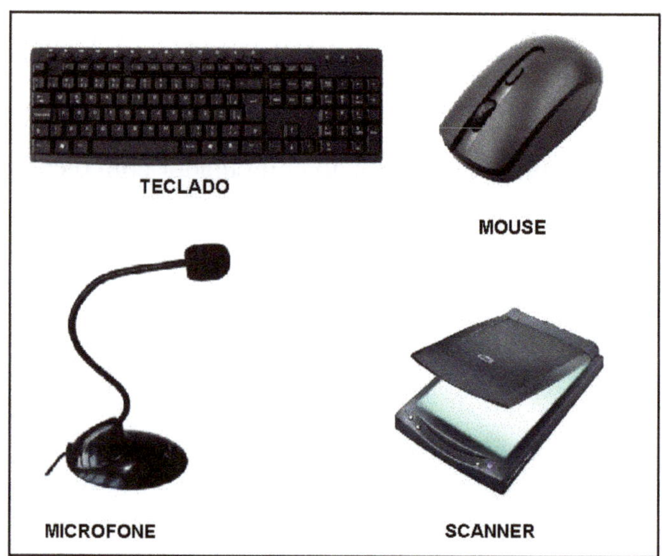

Os periféricos de saída são os meios que usamos para ver algum dado processado pelo computador. Ex.: Monitor, impressora, caixa de som.

Figura 3: Periféricos de Saída

Há ainda os equipamentos de entrada e saída ao mesmo tempo: pendrive, CD, DVD.

Para que o computador realize as operações que pedimos, como a soma de dois números na calculadora do computador, é necessário o uso da CPU (Unidade Central de Processamento), que é o cérebro do computador.

Temos também o estabilizador que é o responsável por ligar o computador na energia elétrica. Ele filtra a energia que vai para o computador, fornecendo a quantidade exata que ele necessita.

Tipos de memórias:

- Memória RAM - É a responsável por mostrar os dados na tela, por exemplo, ele mantém um programa aberto para digitarmos um texto. Ao desligar o computador, ela é esvaziada, por isso se não gravarmos um texto ao desligar o computador, ele se perde.

Figura 4: Memória RAM

Fonte: https://www.techtudo.com.br/noticias/2014/09/como-escolher-uma-boa-memoria-ram.ghtml

- Disco rígido ou HD – memória que permanece mesmo quando o computador é desligado, nele gravamos programas, textos, fotos, músicas, etc.

Figura 5: Disco Rígido

Fonte: https://www.infoescola.com/informatica/disco-rigido/

- CDs, DVDs, pendrives, cartão de memória – são memórias bem menores que o disco rígido e que podem ser transportadas para qualquer lugar.

Figura 6: Pendrive, CD, cartão de memória

Fonte: http://catafau.blogspot.com/2012/12/qual-midia-e-mais-segura-cd-dvd-ou.html

Atividades:

1. Desenhe um computador, lembrando-se de colocar os nomes para as seguintes partes: Monitor – Gabinete – Teclado – Mouse – Estabilizador - Caixa de som – impressora

2. Quais os tipos de memória o computador possui?

3. O que são equipamentos de entrada? Dê exemplos.

4. O que são equipamentos de saída? Dê exemplos.

Aula 02 – Conhecendo o teclado

O teclado é um dispositivo de entrada de dados. A imagem a seguir mostra a maneira correta que os dedos devem ser posicionados na digitação das teclas.

Figura 7: Posição dos dedos no teclado

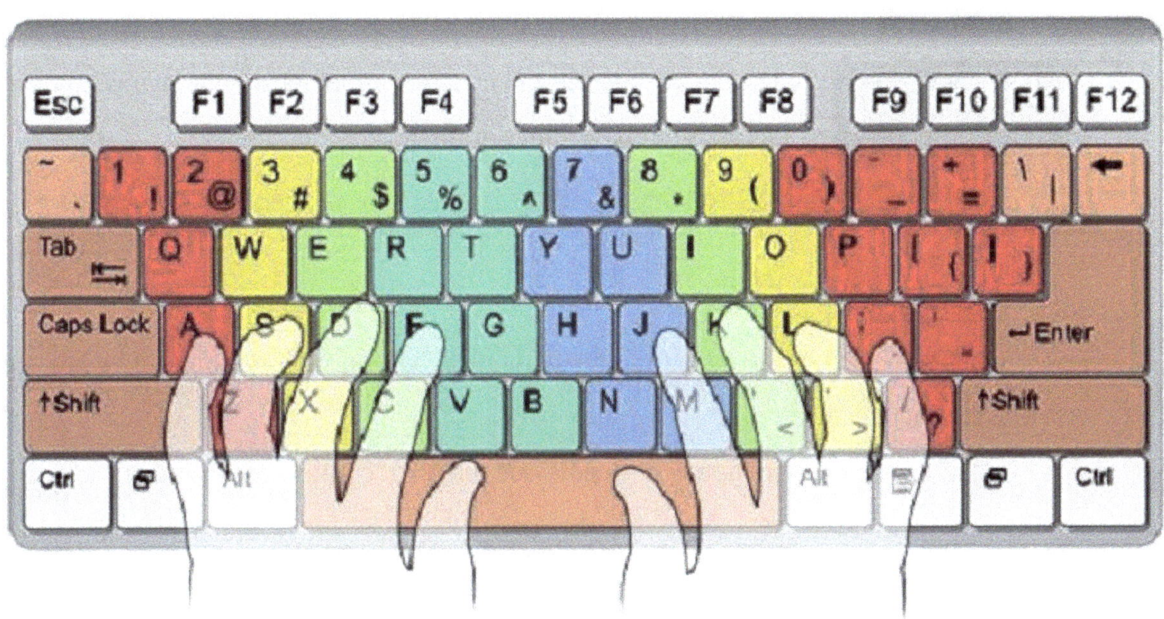

Fonte: https://www.tudoporemail.com.br/content.aspx?emailid=6609

Vamos conhecer algumas teclas especiais que usaremos para digitar os textos:

Caps Lock – Quando ligada as letras sairão em maiúsculas.

Enter – Inicia um novo parágrafo

Delete – Apaga tudo que está à direita do cursor.

BackSpace – Apaga tudo que está à esquerda do cursor.

Leva o cursor para o fim da frase.

Leva o cursor para o início da frase.

Tira uma foto da tela ativa. Para ver o que foi capturado devemos entrar no Editor de texto e pressionar CTRL V

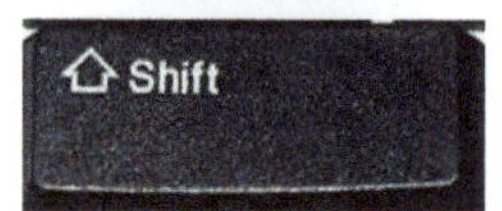

Usada quando desejamos que uma letra saia maiúscula ou para acentos na parte superior da tecla.

Acentuação:

Quando o acento está na parte inferior da tecla basta pressionar o acento e em seguida a letra que será acentuada.

Obs.: O acento só irá aparecer depois que a letra acentuada for digitada.

Uso do "til"

Exemplo: Observe as palavras

PÃO

MÃE

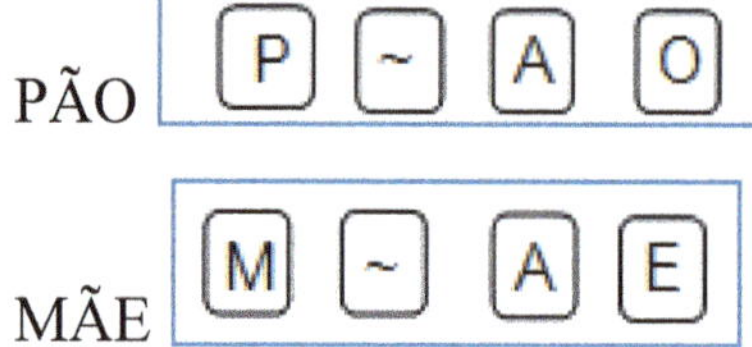

Uso do circunflexo

Quando o acento estiver na parte superior, devemos PRESSIONAR a tecla Shift:

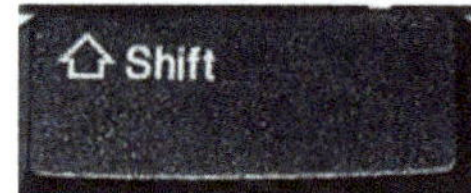

Exemplo:

MÊS

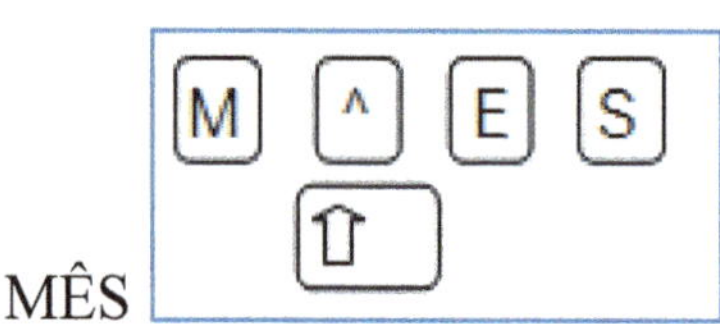

Uso do ALTGR

Para teclas que tenham 3 caracteres, para usar o 3° caractere, apertamos a tecla **Alt Gr** junto com a tecla desejada. Por exemplo:

Para digitar 1°, devemos digitar o 1, em seguida, pressionar a tecla ALT Gr e o sinal desejado.

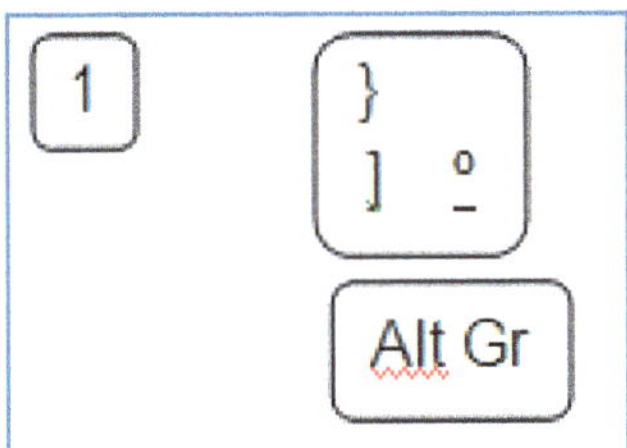

Atividades:

Responda às questões a seguir sobre o uso do teclado no processador de textos

1 – Qual tecla é usada para mudar de linha?

2 – O que faz a tecla Caps Lock?

3 – O que faz a tecla Shift?

4- Qual a função da tecla Alt Gr?

5 – Desenhe na ordem correta, as teclas para escrever as palavras: português, João e café.

Aula 03 - Processador de Texto ou Editor de Texto

Um processador de texto é um programa usado para escrever no computador. Com ele, é possível criar desde documentos simples até arquivos profissionais que são mais complexos, tais como: cartas, currículos, trabalhos escolares, apostilas, livros, etc.

O processador de texto simula o funcionamento de uma máquina de escrever, mas com recursos que facilitam e agilizam a produção, edição e finalização de texto. Um processador de textos nos permite:

- Criar documentos e guardá-los.
- Modificar o documento.
- Formatar o documento com diferentes estilos, cores ou alinhamentos.
- Inserir imagens ou outros objetos

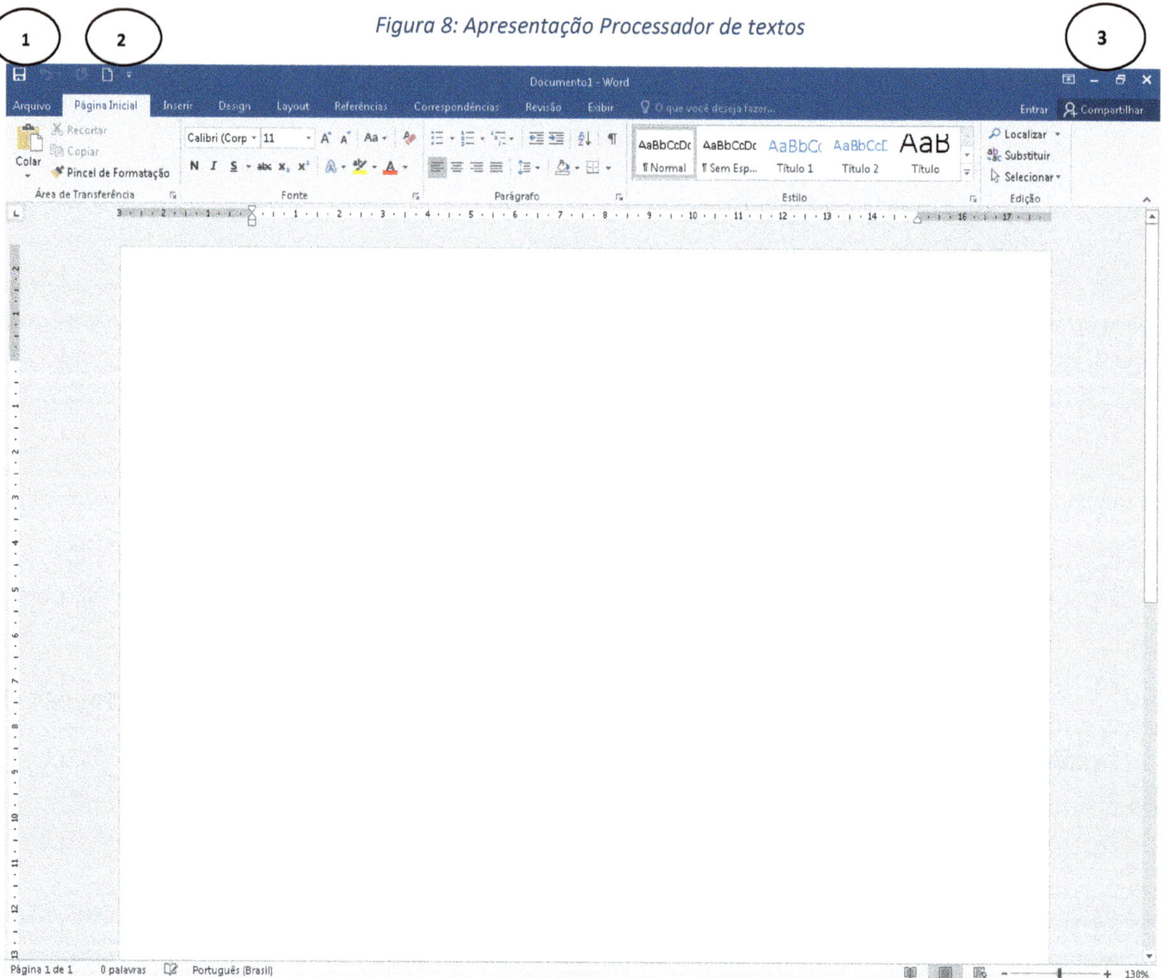

Figura 8: Apresentação Processador de textos

1 – Botão para salvar o conteúdo do processador de textos

2 – Botão para iniciar um novo documento

3 – Botões: Minimizar, Maximizar e Fechar

Aula 04 – Formatação de fonte

Formatar a fonte significa mudar a aparência do texto.

Na formatação podemos mudar:

- Fonte = tipo de letra
- Cor = cor da letra
- Tamanho = tamanho da letra

Podemos formatar usando a barra de formatação. Lembre-se que antes de formatar um texto, devemos selecionar o conteúdo, clicando e arrastando o mouse sobre ele.

Calibri	Clique na seta para escolher o nome da fonte.
11	Clique na seta para escolher o tamanho da fonte.
A	Clique na seta e escolha a cor.

Botões de estilo:

S – Sublinhado – passa um traço embaixo da palavra

I – Itálico - inclina a letra

N – Negrito - letra com o traçado mais grosso

Atividades:

1 – O que é um processador de textos?

2 – O que é formatar um texto?

3 – O que podemos mudar na aparência do texto.

4 – O que faz os botões:

- Negrito
- Itálico
- Sublinhado

Atividade Prática

Abra o processador de textos e digite corretamente o texto a seguir:

<u>PEQUENA LIÇÃO DE VIDA</u>

Cumprimente as pessoas. Isso se chama **amizade**!
Deseje a cada um o melhor. Isso se chama **sinceridade**!
Programe o seu dia, a sua semana. Isso se chama **ação**!
Acredite que tudo dará certo. Isso se chama **fé**!
Faça tudo com alegria. Isso se chama **entusiasmo**!
Dê o melhor de si. Isso se chama **perfeição**!
Ajude a quem precisa. Isso se chama **doação**!
Compreenda que nem todos são como você. Isso se chama **tolerância**!
Receba as bênçãos com gratidão. Isso se chama **humildade**!

Essa é uma fórmula infalível que vai ajudar a sua VIDA a ser mais feliz.

Use os botões **N** *I* <u>S</u> ▾ para que o texto fique com os estilos como o modelo apresentado.

Exercícios de Fixação

1- Cite três equipamentos de entrada de dados

2- Cite três equipamentos de saída de dados.

3- O que significa CPU?

4- O que é um processador de textos?

5- Cite a função das teclas:

a) Delete

b) Caps-Lock.

c) Shift -

d) End

e) Home.

6- O que significa formatar fonte?

7- O que podemos mudar na aparência do texto?

8- O que faz os botões: Negrito, Itálico e Sublinhado?

Aula 05 - Marcadores e Numeração

O processador de texto possui uma formatação especial de parágrafos que consiste em inserir no início do parágrafo um símbolo, para chamar a atenção de determinados itens.

Esse efeito pode ser obtido através dos botões:

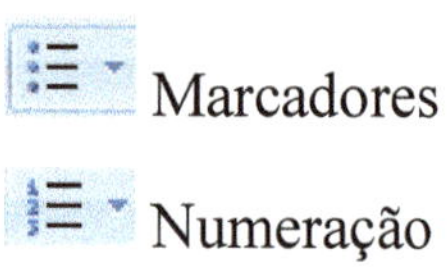

Marcadores

Numeração

Escolhendo um modelo de Marcador

Para que você possa escolher um dos modelos de marcador ou estilo de numeração disponíveis no processador de textos, você deverá clicar ao lado do botão Marcador:

Figura 9: Botão Marcador

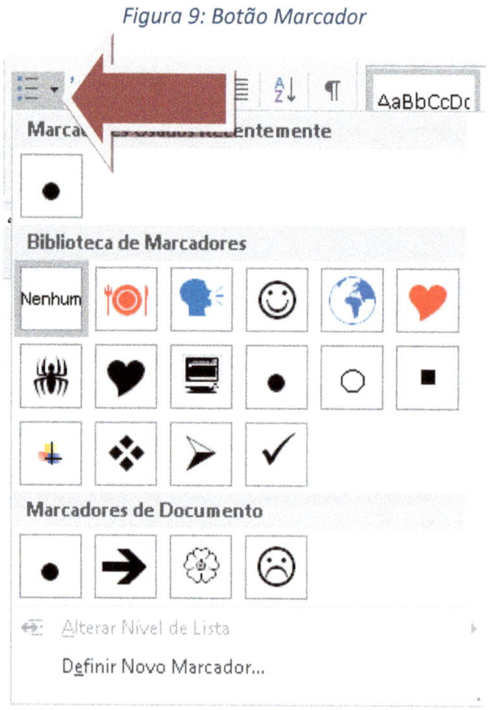

Se você quiser escolher um marcador que não esteja disponível na visualização, deverá entrar na opção "Definir Novo Marcador..."

Figura 10: Novo símbolo

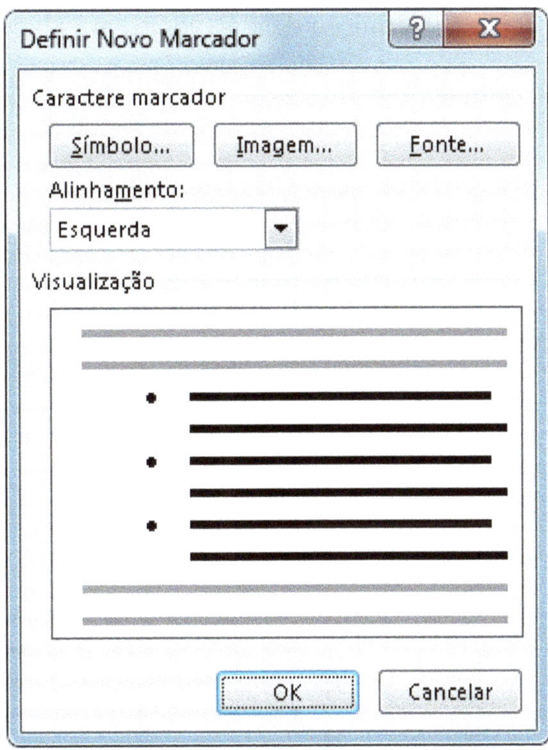

Para que seja possível escolher um novo marcador, podemos escolher o botão Símbolo. As fontes Webdings, Wingdings apresentam marcadores com diversos desenhos:

Figura 11: Fonte do Marcador

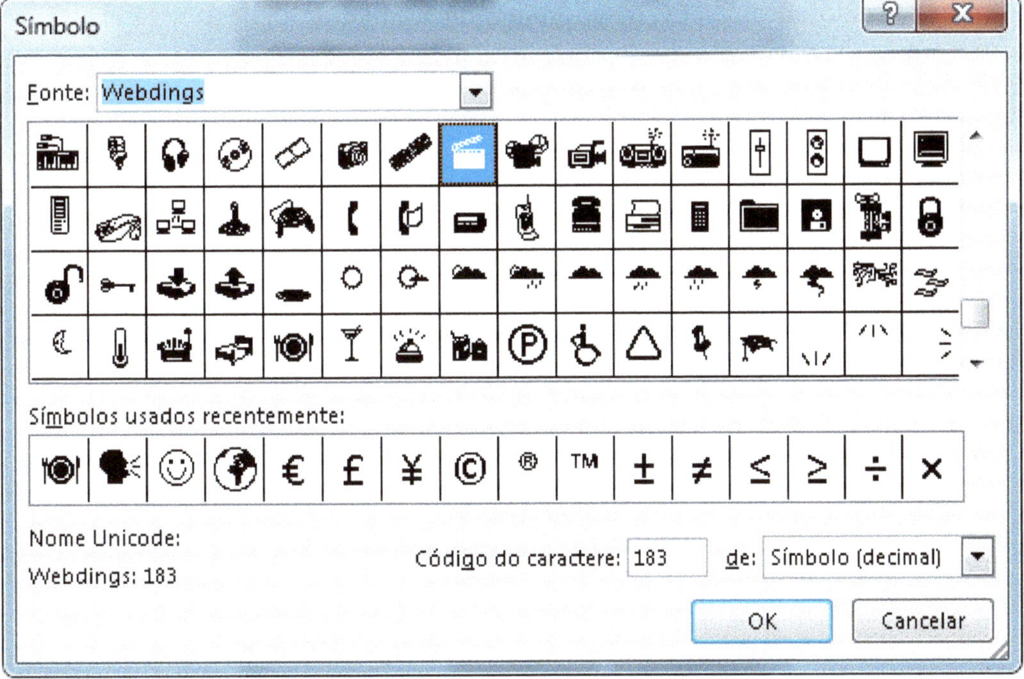

Para escolher um símbolo, basta clicar sobre ele, em seguida no botão OK. Neste caso, retornaremos para a caixa de definição de marcador. Para alterar a cor do marcador, clique no botão Fonte.

Figura 12: Definição de marcador

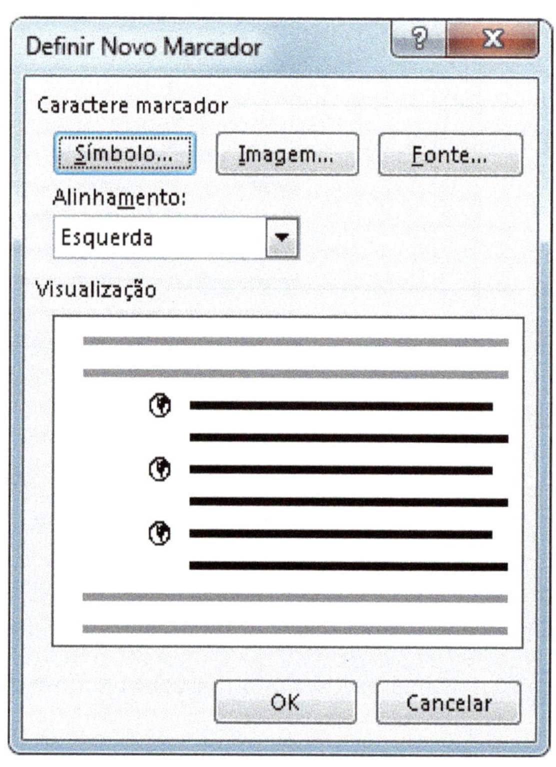

Quando clicamos no botão Fonte, uma caixa de diálogo será aberta, como mostra a figura abaixo:

Figura 13: Escolha da cor do marcador

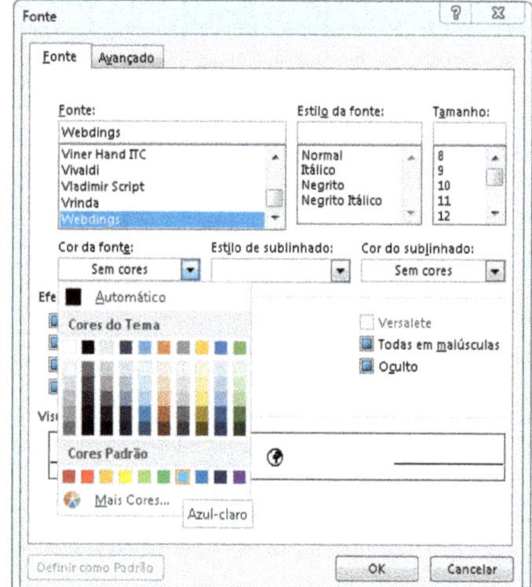

Desta forma, na opção Cor da fonte, é possível escolher uma cor para o marcador selecionado.

Escolhendo um modelo de Numeração

Você encontrará disponível em **Tipo de numeração** os seguintes formatos:

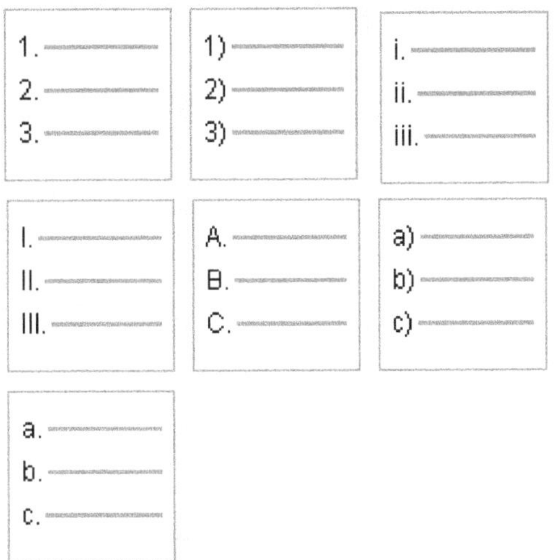

Você pode primeiro digitar seu texto, depois selecionar o texto e clicar no botão Marcadores ou Numeração. Ou ainda, poderá escolher o marcador ou numeração antes da digitação do texto.

<u>**Atividades:**</u>

1. Para criar uma lista de amigos como a seguir, cite os passos que você deverá seguir:

A. João

B. Pedro

C. Maria

2. Para criar uma lista como a seguir, cite os passos necessários:

☹ Não fazer as tarefas

☹ Faltar às aulas

Atividade Prática

Usando os botões de Marcadores ou Numeração, digite o texto a seguir:

BOLO DE CENOURA

Ingredientes

Massa do Bolo

- ✓ 3 cenouras médias (250g)
- ✓ 4 ovos
- ✓ meia xícara (chá) de óleo
- ✓ 2 e meia xícaras (chá) de farinha de trigo
- ✓ 2 xícaras (chá) de açúcar
- ✓ 1 colher (sopa) de fermento em pó

Cobertura de Brigadeiro

- ✓ 1 Leite MOÇA® (lata ou caixinha) 395g
- ✓ 1 colher (sopa) de manteiga
- ✓ meia xícara (chá) de Chocolate em Pó NESTLÉ® DOIS FRADES®
- ✓ meia xícara (chá) de chocolate granulado

Modo de preparo

Massa do Bolo

1. Em um liquidificador, bata as cenouras, os ovos e o óleo.
2. Despeje a mistura em um recipiente e misture o açúcar e a farinha de trigo peneirada com o fermento.
3. Coloque em uma fôrma retangular (20 x 30 cm) untada, e leve ao forno médio (180°C), preaquecido, por 40 minutos.
4. Enquanto isso, prepare a cobertura de brigadeiro.

Cobertura de Brigadeiro

1. Em uma panela coloque o Leite MOÇA, o Chocolate em Pó DOIS FRADES e a manteiga e leve ao fogo baixo, mexendo sempre, até começar a desprender da panela.
2. Despeje ainda quente sobre o bolo, distribua o chocolate granulado e deixe esfriar.

Fonte: https://www.receitasnestle.com.br/receitas/bolo-de-cenoura-com-cobertura-de-brigadeiro

Aula 06 - Formatar parágrafo

Para formatar um parágrafo devemos selecionar o conteúdo de texto que será formatado. O uso da régua é fundamental para formatar o recuo do parágrafo. Caso a régua não esteja visível na tela, clique em: ***Exibir - Régua***.

Recuo de primeira linha - Neste recuo apenas a primeira linha do parágrafo é deslocada e as demais permanecem à esquerda.

Recuo deslocado – É o contrário do recuo de primeira linha. Apenas a primeira linha permanece à esquerda e as demais são deslocadas.

Recuo à esquerda – Todas as linhas do parágrafo são deslocadas à esquerda.

Menu ***Formatar Parágrafo***

Na guia recuos e espaçamento podemos definir o espaço entre os parágrafos e o espaço entre as linhas:

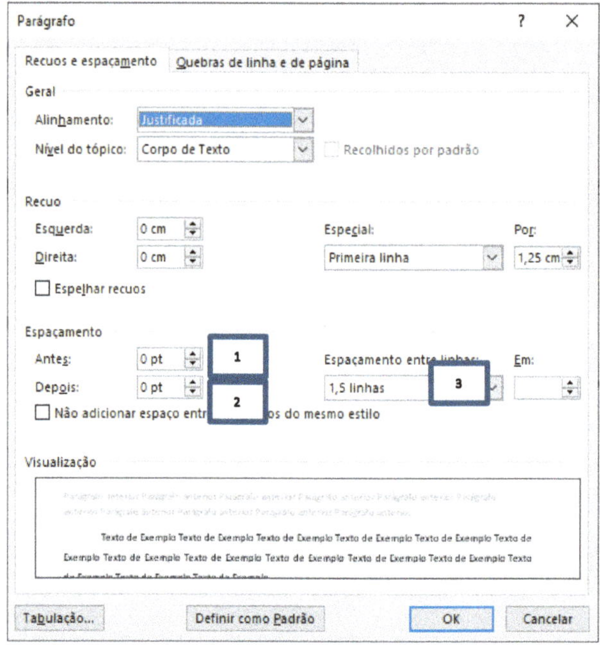

1 - Espaço deixado antes de iniciar o parágrafo

2 - Espaço deixado depois de terminar o parágrafo

3 - Espaçamento de linhas - Espaço entre uma linha e outra.

Resumindo: Na formatação de parágrafos podemos mudar:

- Recuos de linha (deslocamento da linha)

- Espaço entre uma linha e outra

- Espaço entre um parágrafo e outro

- Podemos digitar primeiramente o texto e depois aplicar as formatações que foram citadas.

1. A Digite o texto dentro do retângulo, depois realize as formatações que são pedidas:

Notícia A notícia é um formato de divulgação de um acontecimento por meios jornalísticos. É a matéria-prima do Jornalismo, normalmente reconhecida como algum dado ou evento socialmente relevante que merece publicação numa mídia. Fatos políticos, sociais, econômicos, culturais, naturais e outros podem ser notícia se afetarem indivíduos ou grupos significativos para um determinado veículo de imprensa. Geralmente, a notícia tem conotação negativa, justamente por ser excepcional, anormal ou de grande impacto social, como acidentes, tragédias, guerras e golpes de estado. Notícias têm valor jornalístico apenas quando acabaram de acontecer, ou quando não foram noticiadas previamente por nenhum veículo.

A "arte" do Jornalismo é escolher os assuntos que mais interessam ao público e apresentá-los de modo atraente.

Fonte: https://pt.wikipedia.org/wiki/Not%C3%ADcia

a) Selecione o título e clique no botão Centralizar.
b) Selecione todo o texto (menos o título) e clique no botão Justificar.
c) Ainda com o texto selecionado, entre no menu Formatar – Parágrafo. Preencha como a seguir e observe as modificações que ocorreram no seu texto:

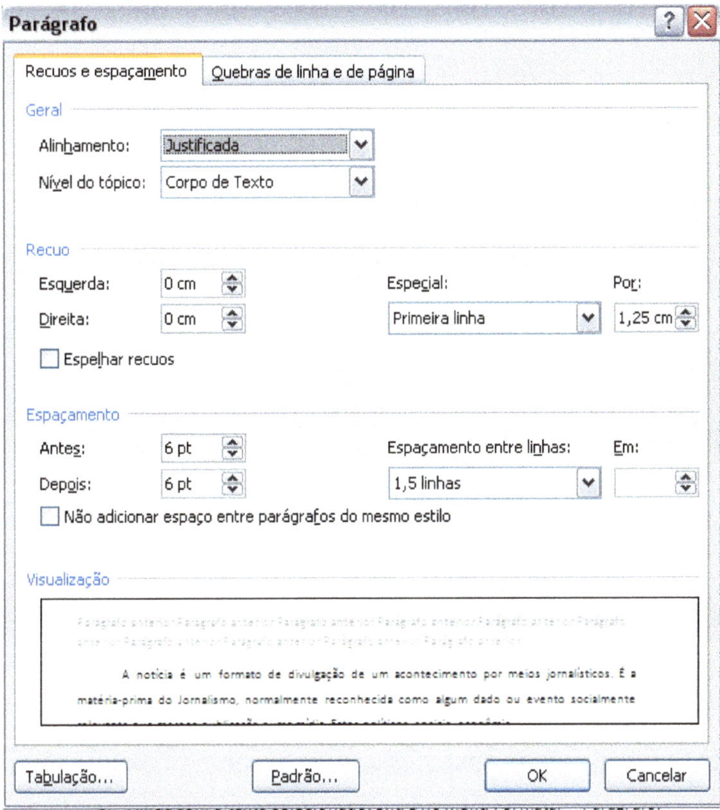

d) Formate o texto com fonte Verdana, tamanho 10, cor azul. Para o título mantenha a mesma fonte, mas coloque tamanho 16, negrito e sublinhado, cor vermelha.

Aula 07 - Inserindo Imagens da Internet

Para inserir imagens de sites da internet nos documentos devemos seguir os seguintes passos:

- Entrar no site Google (www.google.com.br)
- Digitar o termo a ser pesquisado
- Clicar em imagens

Figura 14: Resultado de pesquisa de imagens no Google

- Serão exibidas várias imagens para sua escolha, clicar na imagem escolhida, clicar em VISUALIZAR IMAGEM e após aparecer a imagem grande na tela clicar com o botão direito do mouse sobre ela e clicar em COPIAR IMAGEM

Figura 15: Cópia da imagem do site de busca

- Entrar no processador de texto e em EDITAR, escolher COLAR ou a combinação de teclas CTRL + V (juntas).

Figura 16: Recurso de colar no processador de textos

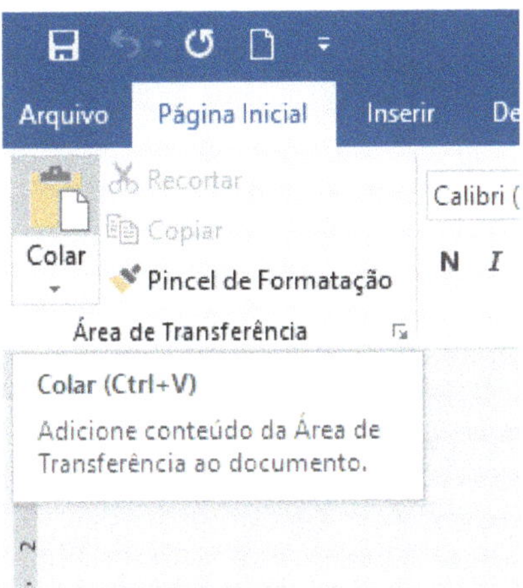

Alguns formatos de imagens talvez não sejam exibidos pelo método de copiar e colar. Quando isto acontecer devemos salvar a imagem no computador.

- Localize a imagem na internet

- Clique com o botão direito do mouse sobre ela e clique em SALVAR IMAGEM COMO

Figura 17: Comando para salvar a imagem no computador

- Observe o local (pasta) onde será gravada a imagem. Você pode salvar na pasta imagens para facilitar a localização quando for inserir no processador de textos.

Figura 18: Caixa de diálogo para salvar a imagem

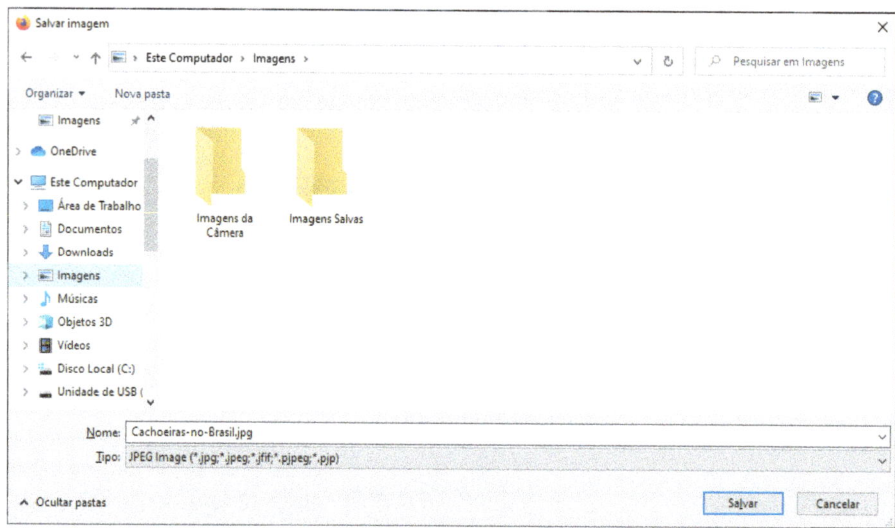

- No processador de texto entre na aba Inserir e procure INSERIR IMAGEM e localize a imagem na pasta onde foi gravada, neste caso em imagens.

Figura 19: Botão Imagens

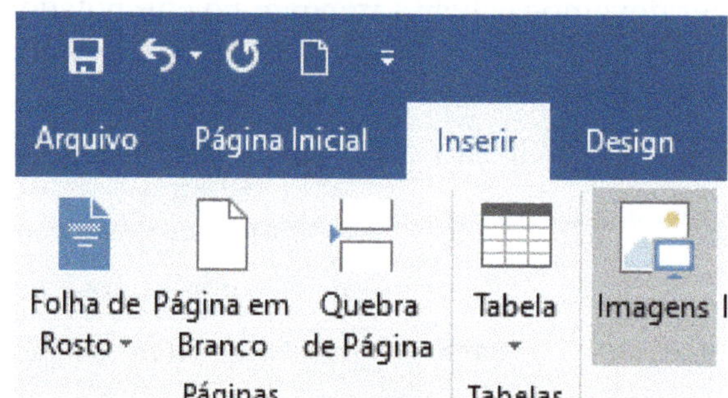

- Selecione a imagem e clique no botão INSERIR

No processador de texto, quando uma imagem está selecionada (clicada) você poderá alterar seu tamanho pelos "pontos" que aparecem ao seu redor, utilize os pontos dos cantos para não deformar a imagem.

A seta na parte superior da imagem permite que ela seja rotacionada.

Figura 20: Pontos de edição da imagem

Com a imagem selecionada (clicada), observe que será exibida a aba Formatar, que permite a formatação de vários itens da imagem.

Figura 21: Menu Formatar Imagem

Aula 08 – Envelopes

No processador de texto podemos configurar o tamanho do papel para preencher corretamente um envelope, para que seja feita a impressão junto com a carta.

Entre em CORRESPONDÊNCIAS – ENVELOPE

Figura 22: Botão Envelope

Preencha os campos:

→ Destinatário (quem irá receber a carta)

- Nome
- Endereço (rua, nº)
- Bairro
- Cidade – Estado
- CEP

→ Remetente (quem está enviando a carta)

- Nome
- Endereço (rua, nro)
- Bairro
- Cidade – estado
- CEP

Figura 23: Preenchimento dos dados do envelope

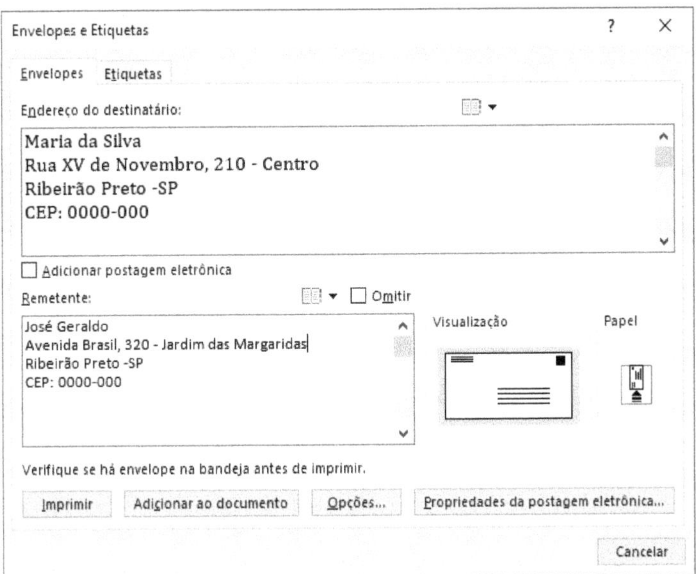

Após preencher, clique no botão ADICIONAR AO DOCUMENTO.

Na primeira folha teremos o envelope, e na segunda folha, o papel para digitar a carta.

Figura 24: Envelope

Na segunda folha você pode preencher a carta que será enviada e realizar a impressão desta e do envelope.

Aula 09 – Mala Direta

O que é uma Mala Direta?

É a criação de um único documento, que será distribuído para diversos destinatários.

As promoções, panfletos de lojas, enfim, todo tipo de informação personalizada, que é distribuída para muitas pessoas.

Através de Mala Direta você cria: cartas, envelopes de endereçamento, gerando sempre documentos personalizados, a partir de uma fonte de dados e um documento principal.

Primeiro passo: Montar o texto da carta

Reunião de Pais

Estimados pais, mães e responsáveis do aluno(a):

Realizaremos no mês de abril, conforme divulgado no Calendário Escolar, reuniões com pais dos educandos do Ensino Fundamental.

Confira a tabela com as informações sobre o dia, o horário e o local de sua reunião. Sua presença é muito importante para o desenvolvimento integral de seu filho.

Atenciosamente,

A Direção

6º e 7º anos	Atendimento pelos professores	16/04 sábado	8h às 10h	Salas de aula - 2º andar
8º e 9º anos	Atendimento pelos professores	16/04 sábado	10h às 12h	Salas de aula - 2º e 3º andar

Para iniciar o processo de criação da Mala Direta, clique na aba Correspondência – Iniciar Mala Direta – Assistente de Mala Direta Passo a Passo... Serão 6 etapas para que seja criada a mala direta.

Figura 25: Assistente de Mala Direta

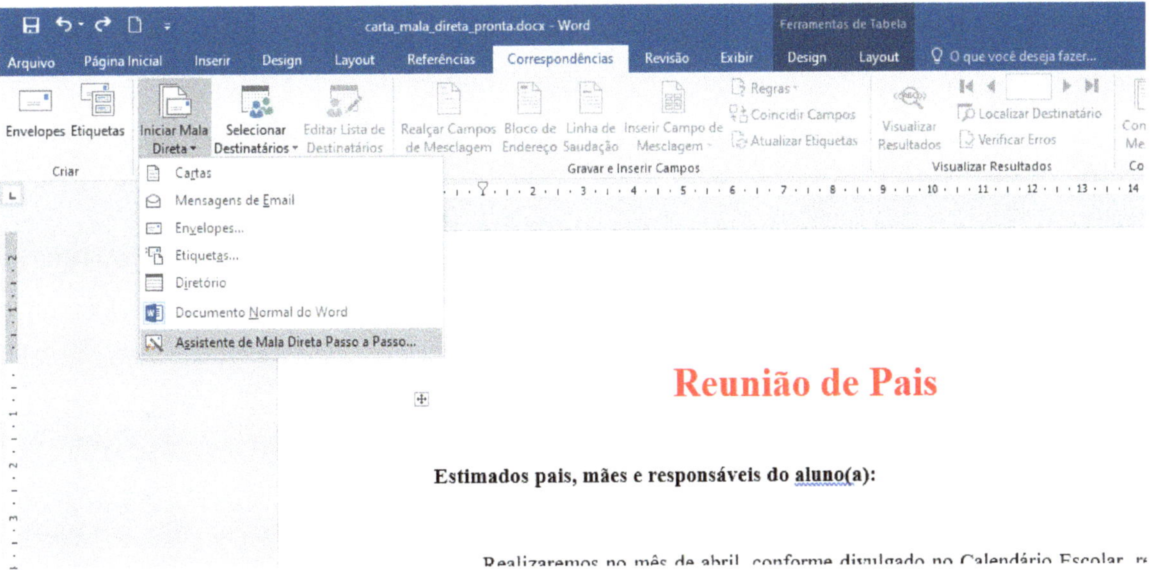

Na 1ª Etapa deverá ser informado o tipo de documento que será aplicada a mala direta, como já temos a carta digitada no documento atual, marque a opção Cartas. Na parte inferior, avance para próxima etapa.

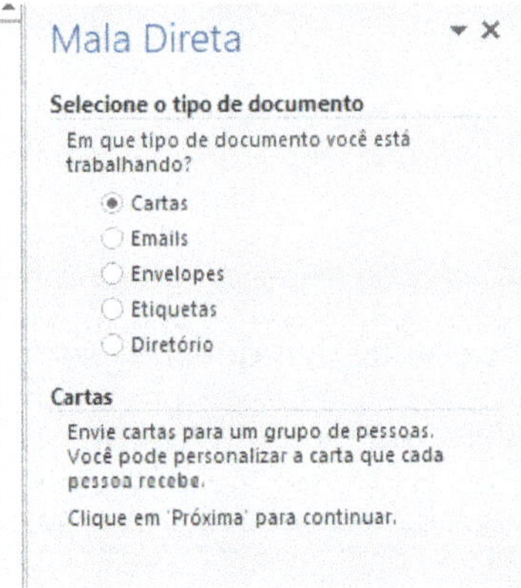

Na 2ª Etapa, selecione a opção Usar o documento atual.

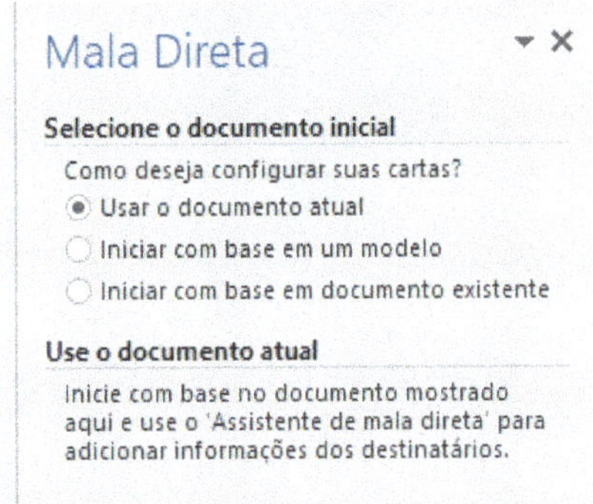

A 3ª Etapa é mais complexa, pois será criada a estrutura dos dados que irão compor a mala direta e o preenchimento dos registros.

- Escolha Digitar uma nova lista e em seguida clique em Criar.
- Será exibida uma nova janela, na qual, deverá ser selecionado o botão Personalizar Colunas.
- Uma terceira janela será exibida. Neste exemplo, serão mantidos apenas: Nome, Linha de endereço1, Cidade, Estado e CEP. Os demais itens foram selecionados um a um e excluídos, através do botão Excluir.

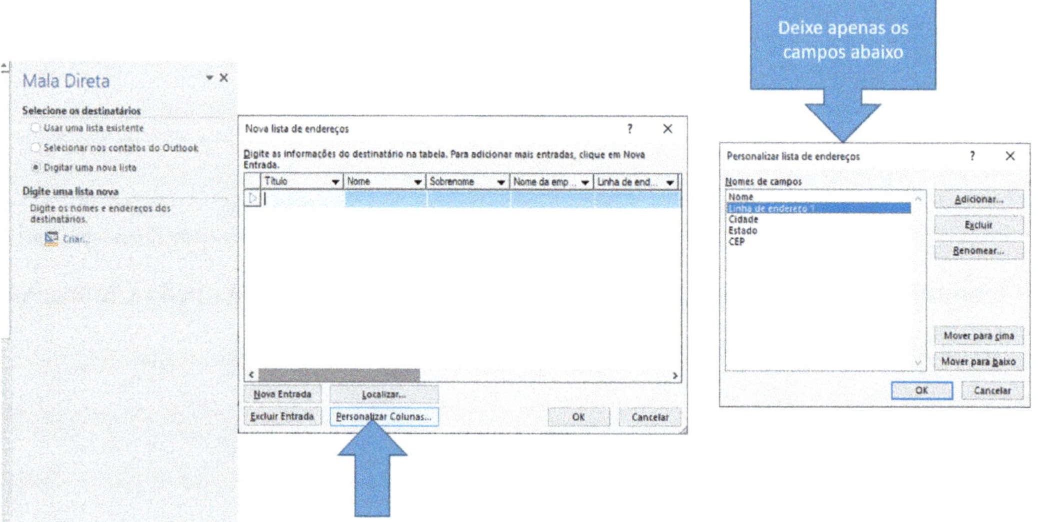

Ao terminar o processo de criação da estrutura dos dados, deverão ser preenchidos os registros, isto é, os dados das pessoas que irão receber a carta da mala direta.

Quando você concluir o registro dos dados, ao clicar no botão Ok, será exibida uma janela onde você deverá escolher o local e o nome do arquivo, para que este seja gravado.

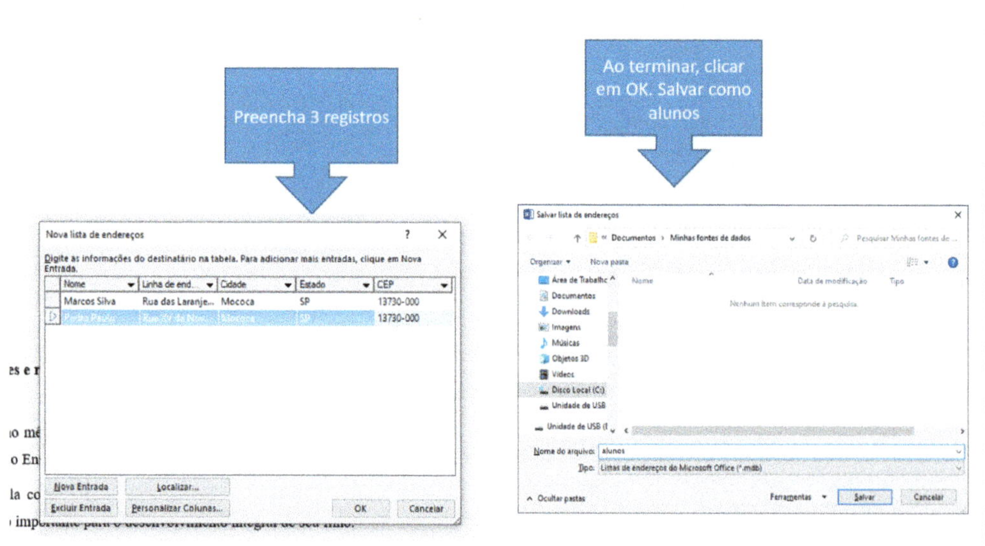

Após a gravação do arquivo, será exibida a relação dos destinatários que foram cadastrados. Clique em Ok para confirmar.

Figura 26: Destinatários da Mala direta

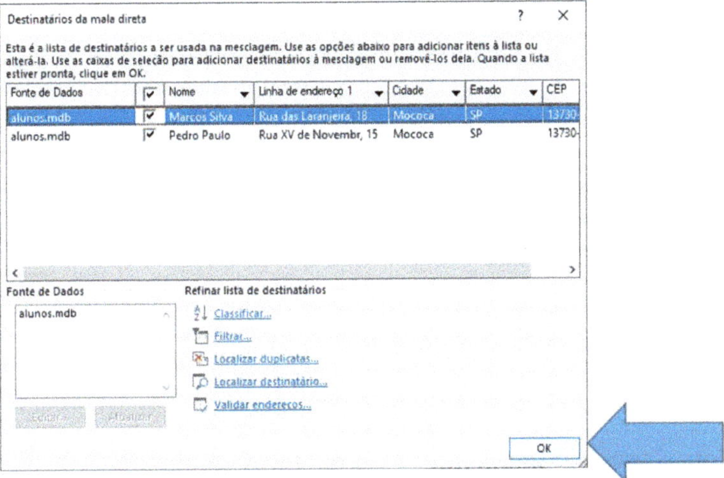

Na 4ª Etapa você irá escolher onde será exibido o nome do destinatário. Clique no fim da linha: “Estimados pais, mães e responsáveis do aluno(a):”, e na janela de Inserir campo de mesclagem, clique duplo em Nome (ou clique em Nome e no botão inserir).

Figura 27: Inserir campo de mesclagem

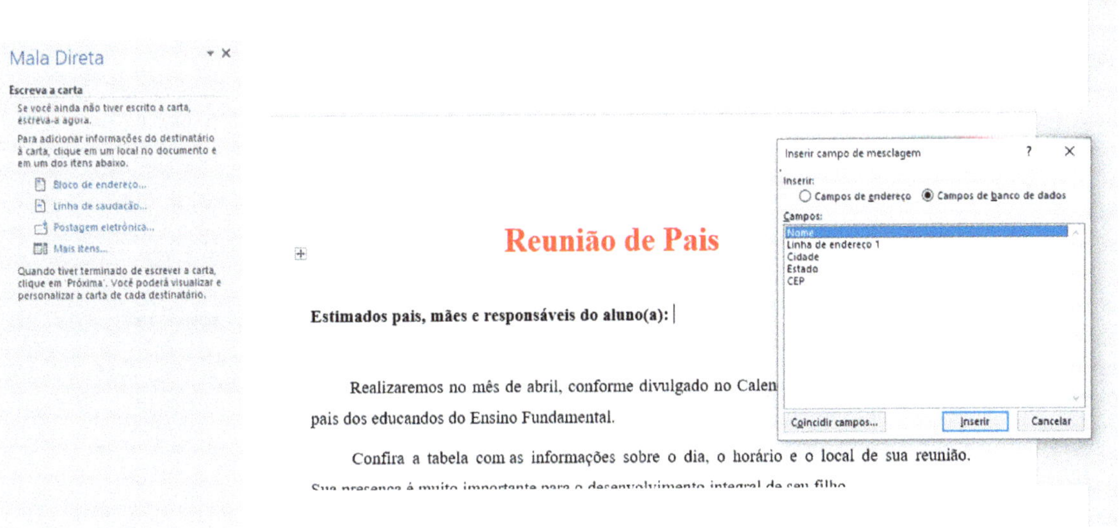

Na 5ª Etapa é possível Visualizar as Cartas. Através do menu de navegação << Destinatário: 1 >> ao clicar nas setas, podemos avançar ou retornar um registro.

Figura 28: Visualizar Cartas

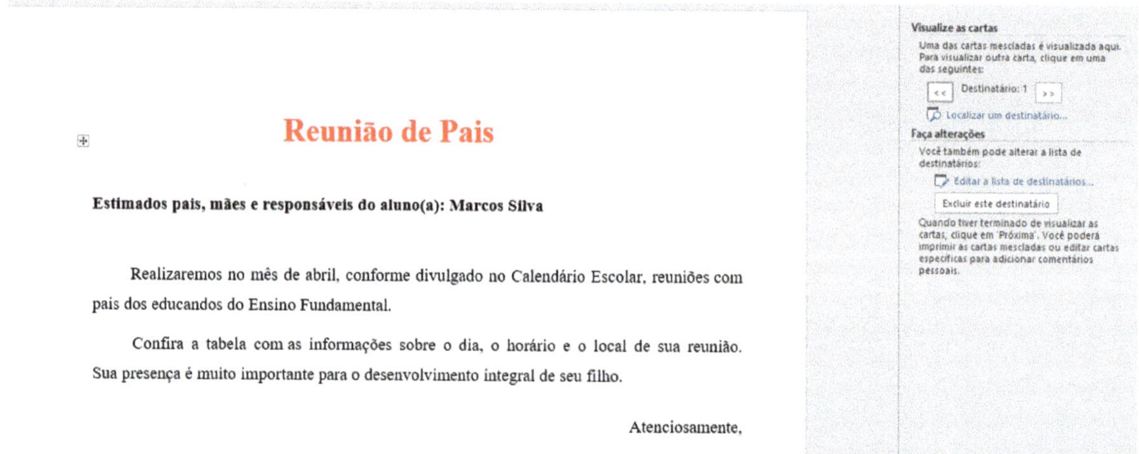

A última etapa da mala direta consiste na Impressão das Cartas, onde podemos escolher se será impresso todos os registros ou selecionar quais desejamos imprimir.

Além disso, na opção Editar Cartas Individualmente, ele irá gerar um novo documento do Word contendo a carta com o nome de cada destinatário.

Figura 29: Impressão da Carta

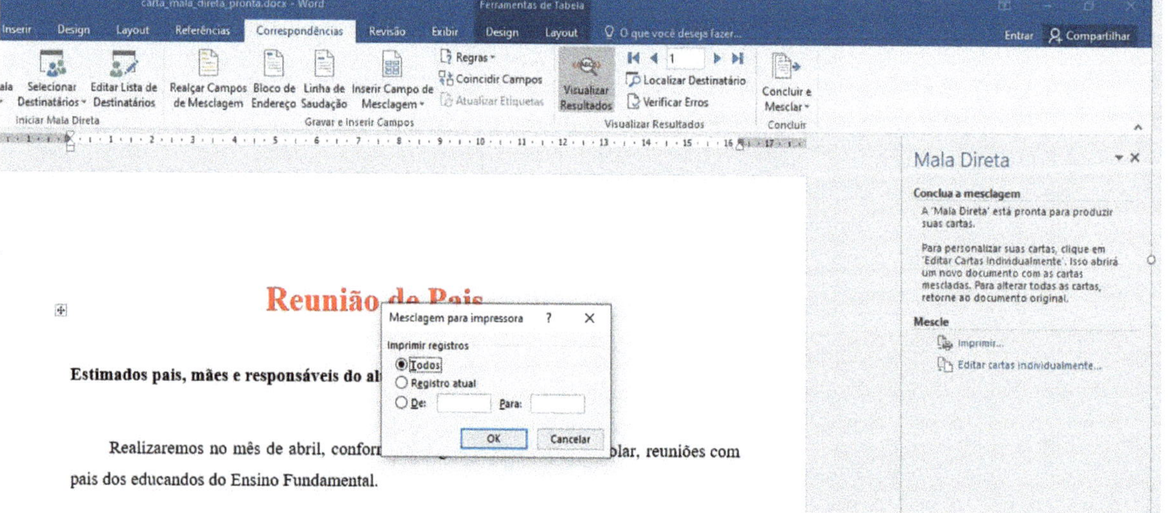

Aula 10 – Autoformas

Uma autoforma é uma figura pré-definida ou de forma livre, como um círculo, uma linha, um retângulo, balões que são usados para a criação de histórias em quadrinhos que representam um diálogo, um pensamento, etc.

Na guia inserir, através do botão Formas, podemos inserir diversos tipos de formas em nossos documentos. Observe:

Figura 30: Auto Forma

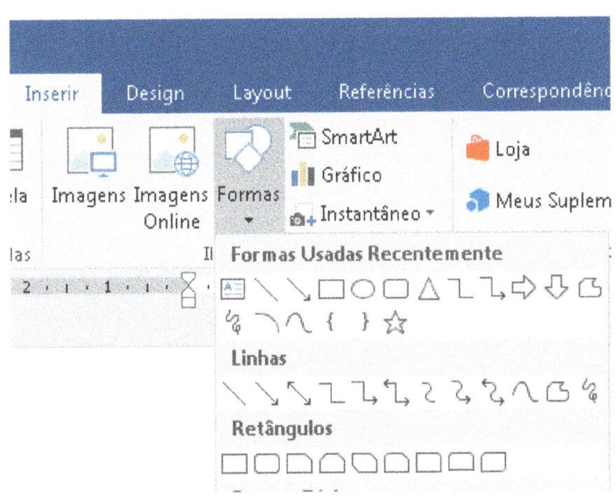

Para adicionar uma forma ao documento, podemos clicar sobre ela e usando o mouse, desenhá-la no local desejado, ou usar o clique duplo do mouse sobre ela.

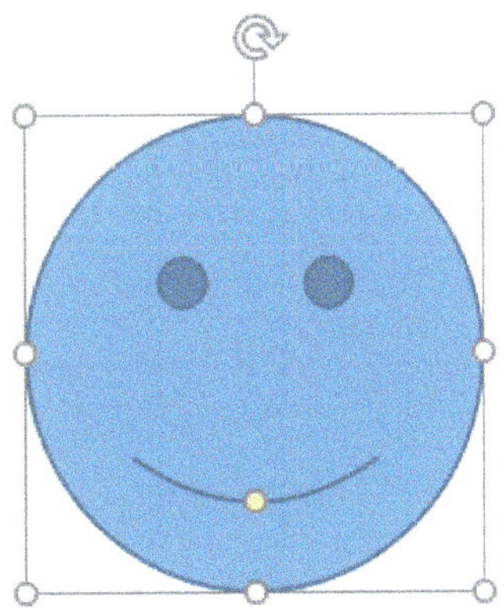

Os pontos brancos presentes ao redor da forma permitem a alteração no tamanho da forma. Já a seta, na parte superior, permite a rotação da forma. Algumas formas dispõem de pontos amarelos, que permitem a alteração na forma em questão. No caso da forma escolhida, podemos alterar o “rostinho feliz” para “rostinho triste”.

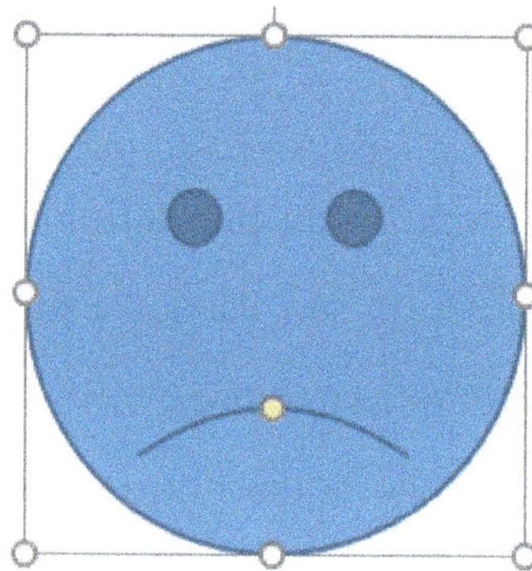

Quando uma forma está selecionada, isto é, quando clicamos sobre ela, será exibida a aba formatar, que permitirá a formatação da forma. Serão destacadas duas formatações muito utilizadas: o preenchimento da forma e o Contorno da Forma.

Preenchimento da Forma

Figura 31: Preenchimento da Autoforma

- Podemos clicar em uma das cores que são exibidas, ou ainda clicar em Mais cores de preenchimento para que seja exibida uma paleta mais completa de cores.
- A opção Sem preenchimento, irá deixar a forma transparentes, isto é, sem cor.
- A opção Imagem permite a escolha de uma imagem para preencher a forma.
- Em Gradiente, são exibidas misturas de duas ou mais cores

- Em Textura, são apresentados preenchimentos pré-definidos que possuem algum tipo de textura.

Veja o exemplo abaixo:

Preenchimento sólido	
Preenchimento com imagem	
Preenchimento gradiente	
Preenchimento com textura	

Contorno da Forma

Logo abaixo do botão de Preenchimento da Forma, encontramos o botão Contorno da forma, cuja a função é realizar alterações tanta na cor, espessura e estilo da linha do objeto.

Figura 32: Contorno da Forma

- Ao clicar em Mais cores de contorno, será exibida uma caixa com uma paleta extensa de cores.
- Em Espessura, é possível deixar o traçado mais grosso ou mais fino.
- Em Traços, podemos escolher o tipo do traço, pontilhado, tracejado, entre outros.
- E em Setas, podemos aplicar uma seta em uma forma aberta.

Na forma abaixo foi aplicado a cor de contorno preta, espessura de 1pt, pontilhado e com uma terminação em seta. Observe:

Aula 11 - AutoFormas com Preenchimento de Texto

A digitação de textos dentro de uma autoforma é muito útil para a criação de histórias em quadrinhos, quadros de aviso, ou qualquer tipo de trabalho que seja necessário a liberdade para o posicionamento dos elementos.

Podemos escrever dentro de qualquer forma, porém, para o uso de histórias em quadrinhos, usamos os balões para compor diálogos, pensamentos.

Clique sobre o desenho do balão e desenhe-o do tamanho desejado na folha.

Observe que ao redor do balão existe alguns "pontos brancos". Eles servem para aumentar ou diminuir o tamanho da forma, arrastando-o para dentro da forma, ela diminui e para fora, aumenta.

Observe a seta presente na parte de cima da forma. Posicionando o mouse sobre ela, a forma pode girar.

Observe também que temos um círculo amarelo presente na "fala" do personagem. Ele permite mudar a direção ou seja, originalmente ele aponta para o lado esquerdo, clicando e arrastando, podemos inverte-lo para o lado direito.

Para escrever dentro da autoforma, clicamos duplo (duas vezes bem rápido) dentro dela. Podemos digitar o texto e formatar a fonte, cor, tamanho, como um texto comum.

O uso de textos dentro das autoformas é útil também na criação de cartões. Podemos inserir uma imagem no processador de textos:

Em seguida, selecionar uma forma para digitar o texto do cartão.

Atividade

Use sua imaginação e monte um cartão com uma data comemorativa.

Aula 12 - Tabela

Uma tabela possibilita ordenar os dados dentro de um documento de texto de forma semelhante a uma planilha, facilitando a organização de dados. Além disso, é possível inserir algumas fórmulas matemáticas dentro das tabelas.

Para inserir uma tabela existem duas formas:

a) Barra de menus – Clique na aba Inserir "Tabela -> inserir tabela", defina o número de linhas e colunas. Uma vez escolhida, é só clicar em OK para inserir.

Figura 33: Inserir tabela

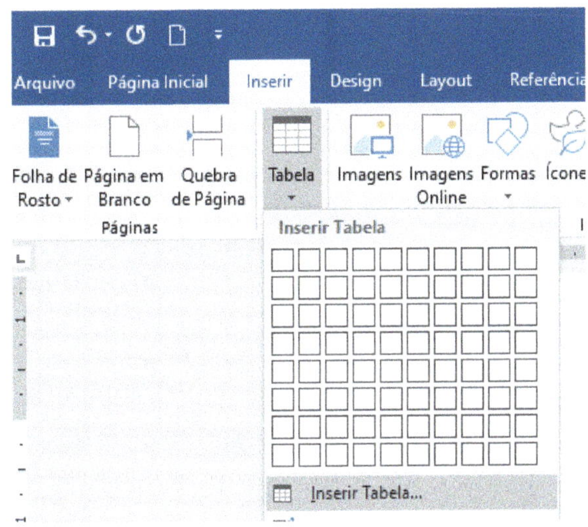

Figura 34: Definição da dimensão da tabela

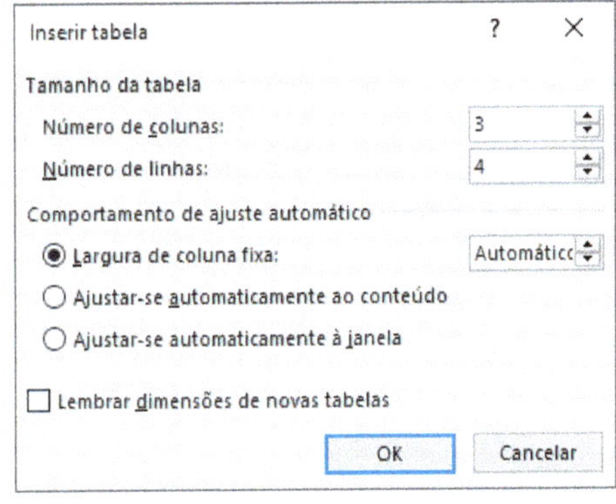

Cada um dos retângulos da tabela é chamado de célula. Para alternar entre as células de uma tabela, você pode clicar ou usar a tecla TAB. Observe a tabela preenchida com dados:

Figura 35: Tabela preenchida

Aluno	1º Bimestre	2º Bimestre
Ana Souza	9,0	8,5
Carlos Silva	6,5	7,5
Mário Ferreira	10	9,5

b) Botão tabela – Para inserir uma tabela pela Barra Padrão clique no botão "Tabela". Para definir o tamanho da tabela, arraste o cursor para a direita e para baixo, as células preenchidas definem o tamanho da tabela.

Figura 36: Botão para inserir tabela

Quando clicamos com o botão direito do mouse sobre uma célula, são exibidas as opções de inserção de linhas ou colunas como mostradas a seguir:

Figura 37: Inserção de linhas e colunas

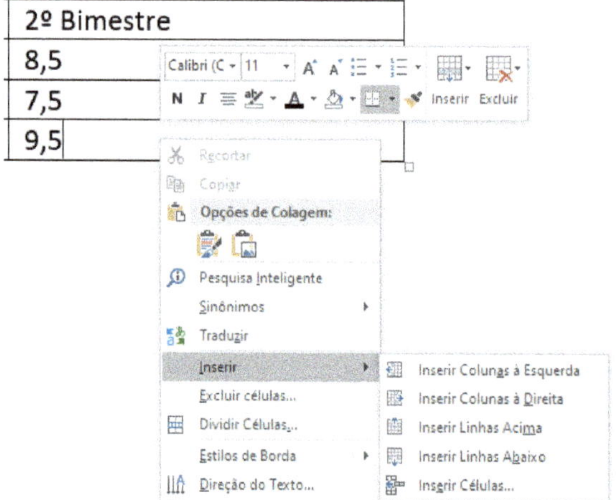

Ainda podemos inserir uma linha automaticamente, quando o cursor está na última célula e pressionamos a tecla TAB.

Figura 38: Inserir linha na tabela

Aluno	1º Bimestre	2º Bimestre
Ana Souza	9,0	8,5
Carlos Silva	6,5	7,5
Mário Ferreira	10	9,5

PRESSIONAR TAB

Para preencher o conteúdo de uma célula, usamos o balde de preenchimento, como o exemplo abaixo:

Figura 39: Preenchimento da célula

Atividade

Observe o modelo abaixo de cronograma semanal e monte o seu de acordo com as suas atividades:

Programação	Domingo	segunda-feira	terça-feira	quarta-feira	quinta-feira	sexta-feira	sábado
	LIVRE	ESCOLA	ESCOLA	ESCOLA	ESCOLA	ESCOLA	LIVRE
	LIVRE	BASQUETE	NATAÇÃO	BASQUETE	BASQUETE	NATAÇÃO	Coral
	LIVRE	INGLÊS	LIVRE	INGLÊS	AULA DE VIOLÃO	LIVRE	LIVRE

Aula 13 – Criação de Sumário Automático

Um sumário serve para orientar em que página do documento encontramos determinado item.

Todos os títulos que farão parte do sumário deverão ser formatados como Título 1:

Caso tenha subtítulos, estes deverão ser definidos como Título 2

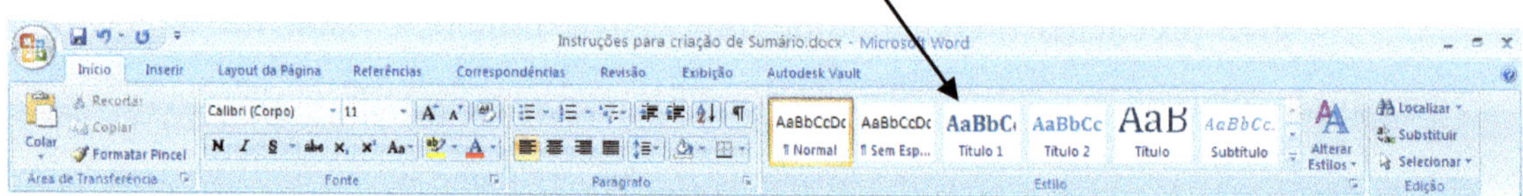

Depois de definir todos os títulos, clique na página onde deverá ser inserido o sumário, entre na guia Referências – Sumário – Sumário Automático 1.

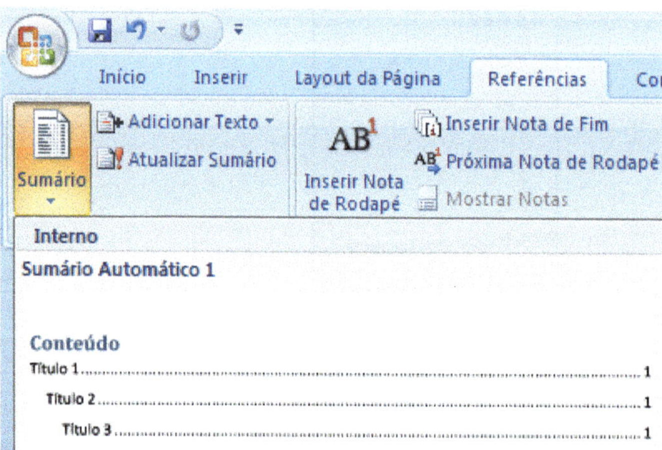

Como criar legenda para a imagem

1. Insira a imagem no documento (inserir – imagem)

Figura 40: Redes de computadores

2. Clique em Referências – Inserir Legenda

3. Preencha o nome da imagem, e mantenha a numeração que aparece automaticamente:

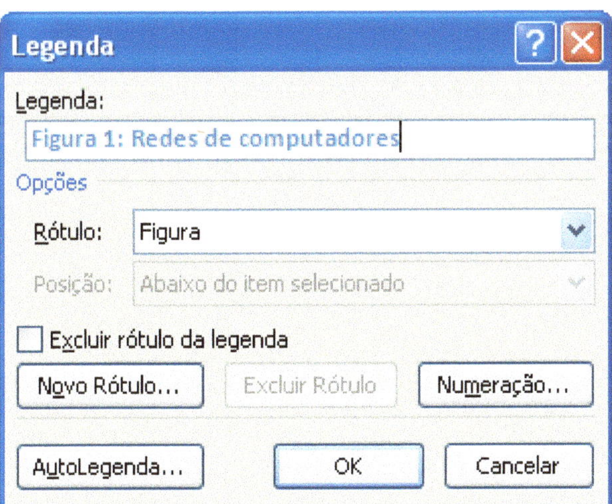

4. Clique em Ok.
5. Repita o procedimento para todas a imagens do trabalho.
6. Antes do sumário deverá ser criada a Lista de Ilustrações

7. Clique em Referências – Inserir Índice de Ilustrações

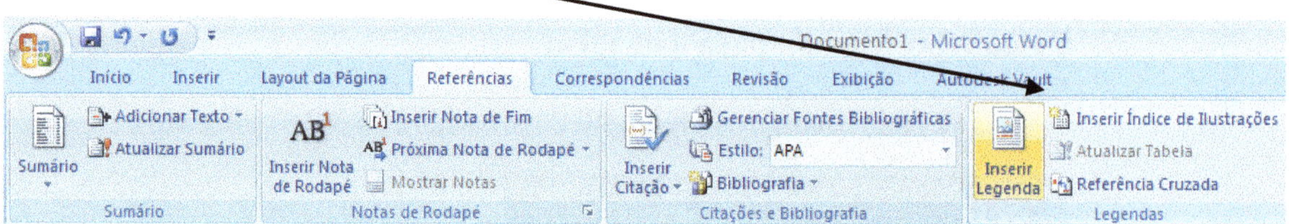

8. Clique em Ok

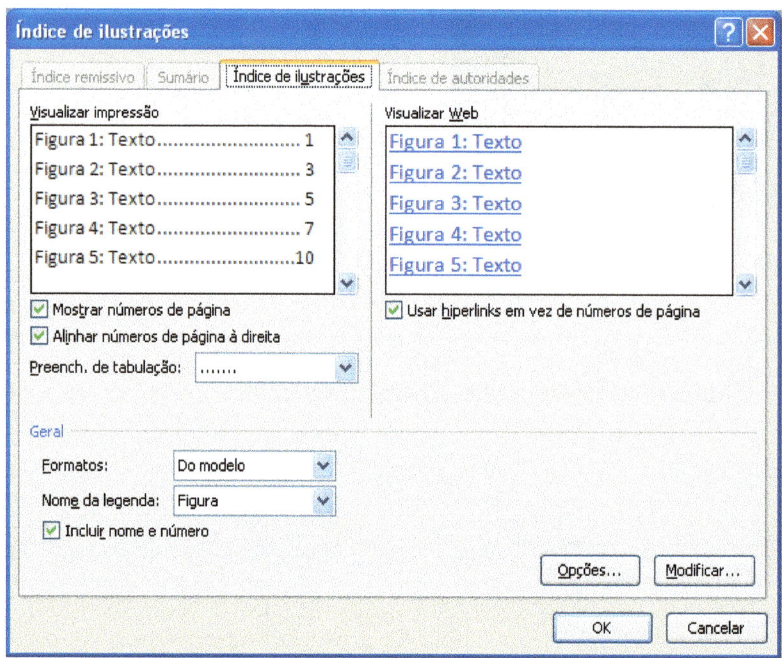

9. O índice será gerado: